쓰면서 익히는
일본어 히라가나 가타카나
워크북

쓰면서 익히는
일본어 히라가나 가타카나 워크북

2023년 4월 05일 초판 1쇄 인쇄
2024년 4월 15일 초판 5쇄 발행

지은이 박해리
발행인 손건
편집기획 김상배, 장수경
마케팅 최관호, 김재명
디자인 박민주
제작 최승용
인쇄 선경프린테크

발행처 *LanCom* 랭컴
주소 서울시 영등포구 영등포동4가 146-5
등록번호 제 312-2006-00060호
전화 02) 2636-0895
팩스 02) 2636-0896
홈페이지 www.lancom.co.kr
이메일 elancom@naver.com

ⓒ 랭컴 2023
ISBN 979-11-92199-37-5 13730

쓰면서 익히는

일본어
히라가나
가타카나
워크북

박해리 지음

LanCom
Language & Communication

本の構成 이 책의 구성

처음 시작하는 일본어, 일본어 문자와 발음을 제대로 익혀야 자신 있게 첫걸음을 내디딜 수 있습니다. 이 책은 단순히 일본어 문자 펜맨쉽이 아닙니다. 일본어 문자는 물론 발음과 단어를 완벽하게 읽고 쓸 수 있도록 특별 구성된 책입니다. 또한 일본인이 직접 녹음한 mp3 파일을 무료로 다운(www.lancom.co.kr)받아 보다 정확한 발음을 익힐 수 있습니다.

● 알기 쉬운 자원 설명

자원을 통해 문자를 익힘으로써 이해력이 높아지고 더 쉽게 외울 수 있습니다.

● 그림을 통해 익히는 문자

그림 단어를 통하여 지루하지 않고 재미있게 문자를 익힐 수 있습니다.

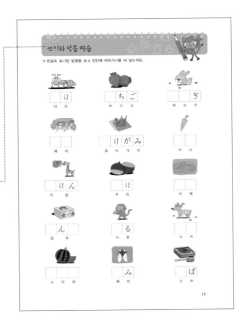

● 순서대로 쓰면서 문자 바르게 익히기

히라가나, 가타카나를 필순대로 바르게 익힐 수 있도록 쓰기 칸을 충분히 두었습니다.

복습을 통한 쓰기와 발음 연습 ●

앞에서 배운 단어를 다시 복습할 수 있는 연습문제를 실어 실력을 확인할 수 있습니다.

日本語の文字 일본어 문자

일본어 문자는 특이하게 한자(漢字), 히라가나(ひらがな), 가타카나(カタカナ)를 병용해서 사용합니다. 히라가나와 가타카나를 합쳐서 「仮名文字(가나문자)」라고 하며 우리 한글처럼 표음문자입니다.

✿ 히라가나

ひらがな(히라가나)는 한자의 일부분을 따거나 초서체가 변형되어 만들어진 문자로 헤이안(9세기경) 시대 궁정귀족의 여성들에 의해 쓰인 문자로 지금은 문장을 표기할 때 일반적으로 가장 많이 쓰이는 문자이므로 일본어를 시작할 때는 반드시 익혀야 합니다.

✿ 가타카나

カタカナ(가타카나)는 한자의 일부분을 따거나 획을 간단히 한 문자로 헤이안 시대부터 스님들이 불경의 강독을 들을 때 그 발음을 표기하기 위해 쓰인 문자로 지금은 외래어, 전보문, 의성어 등, 어려운 한자로 표기해야 할 동식물의 명칭이나 문장에서 특별히 강조할 때도 사용합니다.

✿ 한 자

漢字(한자)는 내각고시로 제정한 상용한자(常用漢字) 1945자를 사용하고 있습니다. 한자의 읽기는 음독(音読)과 훈독(訓読)이 있으며 우리와는 달리 읽는 방법이 다양합니다. 또한 일부의 한자는 자획을 정리한 약자(新字体)를 사용하기 때문에 우리가 쓰는 정자(正字)로 표기하면 안 됩니다.

✿ 오십음도

가나(히라가나와 가타카나)문자를 행(行)과 단(段)으로 나누어 다섯 자씩 10행으로 배열한 것을 오십음도(五十音図)라고 합니다.

目次 차례

히라가나 발음과 쓰기

	あ단	い단	う단	え단	お단
あ행	あ 安 아 (a)	い 以 이 (i)	う 宇 우 (u)	え 衣 에 (e)	お 於 오 (o)
か행	か 加 카 (ka)	き 幾 키 (ki)	く 久 쿠 (ku)	け 計 케 (ke)	こ 己 코 (ko)
さ행	さ 左 사 (sa)	し 之 시 (si)	す 寸 스 (su)	せ 世 세 (se)	そ 曽 소 (so)
た행	た 太 타 (ta)	ち 知 치 (chi)	つ 川 츠 (tsu)	て 天 테 (te)	と 止 토 (to)
な행	な 奈 나 (na)	に 仁 니 (ni)	ぬ 奴 누 (nu)	ね 称 네 (ne)	の 乃 노 (no)
は행	は 波 하 (ha)	ひ 比 히 (hi)	ふ 不 후 (hu)	へ 部 헤 (he)	ほ 保 호 (ho)
ま행	ま 末 마 (ma)	み 美 미 (mi)	む 武 무 (mu)	め 女 메 (me)	も 毛 모 (mo)
や행	や 也 야 (ya)		ゆ 由 유 (yu)		よ 与 요 (yo)
ら행	ら 良 라 (ra)	り 利 리 (ri)	る 留 루 (ru)	れ 礼 레 (re)	ろ 呂 로 (ro)
わ행	わ 和 와 (wa)				を 袁 오 (o)
	ん 无 응 (n,m,ng)				

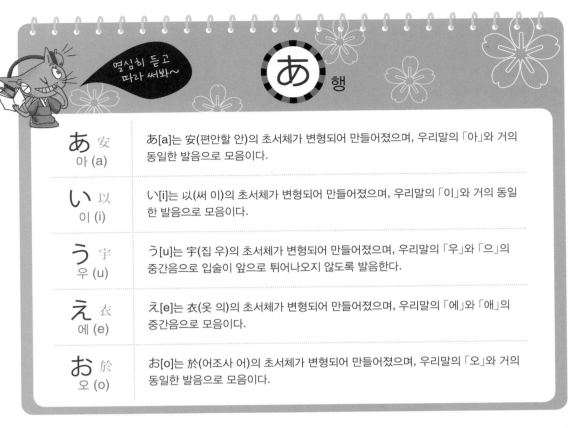

あ 행

あ 安 아 (a)	あ[a]는 安(편안할 안)의 초서체가 변형되어 만들어졌으며, 우리말의 「아」와 거의 동일한 발음으로 모음이다.
い 以 이 (i)	い[i]는 以(써 이)의 초서체가 변형되어 만들어졌으며, 우리말의 「이」와 거의 동일한 발음으로 모음이다.
う 宇 우 (u)	う[u]는 宇(집 우)의 초서체가 변형되어 만들어졌으며, 우리말의 「우」와 「으」의 중간음으로 입술이 앞으로 튀어나오지 않도록 발음한다.
え 衣 에 (e)	え[e]는 衣(옷 의)의 초서체가 변형되어 만들어졌으며, 우리말의 「에」와 「애」의 중간음으로 모음이다.
お 於 오 (o)	お[o]는 於(어조사 어)의 초서체가 변형되어 만들어졌으며, 우리말의 「오」와 거의 동일한 발음으로 모음이다.

あ 아

あり [아리] 개미

필순 あ ー し あ 중심에 주의하며 1획은 약간 위로 올린다.

い
이

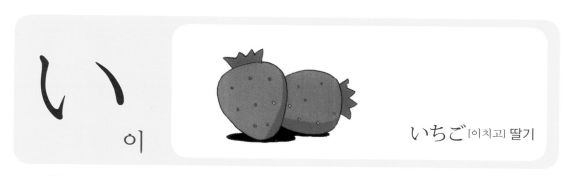

いちご [이치고] 딸기

필순 ①い ②い ③い　연결하듯이 쓰며 사이를 넓게 한다.

い	い	い	い	い	い	い	い

う
우

うさぎ [우사기] 토끼

필순 ①う ②う　가로선 사이를 떼어주며 세로는 천천히 조금씩 세우듯이 그린다.

う	う	う	う	う	う	う	う

え _에

えき [에끼] 역

필순 え え え　마지막 왼쪽 사선의 중심에서 시작하며 거의 삼각형이 되도록 한다.

え	え	え	え	え	え	え	え

お _오

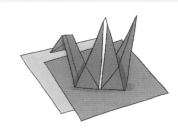

おりがみ [오리가미]
종이접기

필순 お お お お　오른쪽 점을 높인다.

お	お	お	お	お	お	お	お

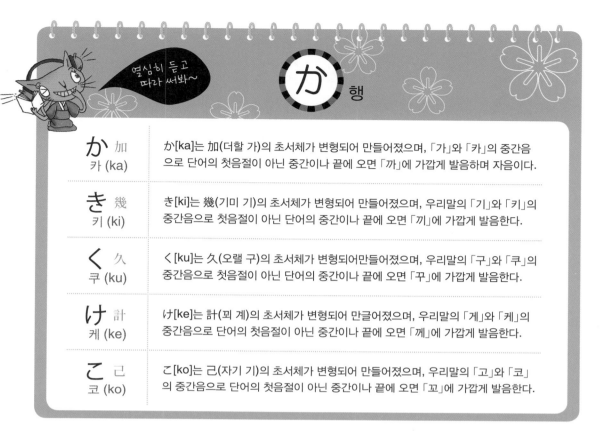

열심히 듣고
따라 써봐~

か 加 카 (ka)	か[ka]는 加(더할 가)의 초서체가 변형되어 만들어졌으며, 「가」와 「카」의 중간음으로 단어의 첫음절이 아닌 중간이나 끝에 오면 「까」에 가깝게 발음하며 자음이다.
き 幾 키 (ki)	き[ki]는 幾(기미 기)의 초서체가 변형되어 만들어졌으며, 우리말의 「기」와 「키」의 중간음으로 첫음절이 아닌 단어의 중간이나 끝에 오면 「끼」에 가깝게 발음한다.
く 久 쿠 (ku)	く[ku]는 久(오랠 구)의 초서체가 변형되어만들어졌으며, 우리말의 「구」와 「쿠」의 중간음으로 첫음절이 아닌 단어의 중간이나 끝에 오면 「꾸」에 가깝게 발음한다.
け 計 케 (ke)	け[ke]는 計(꾀 계)의 초서체가 변형되어 만글어졌으며, 우리말의 「게」와 「케」의 중간음으로 단어의 첫음절이 아닌 중간이나 끝에 오면 「께」에 가깝게 발음한다.
こ 己 코 (ko)	こ[ko]는 己(자기 기)의 초서체가 변형되어 만들어졌으며, 우리말의 「고」와 「코」의 중간음으로 단어의 첫음절이 아닌 중간이나 끝에 오면 「꼬」에 가깝게 발음한다.

카

かさ [카사] 우산

필순 か ㄱ か か 점의 높이를 맞춘다.

か	か	か	か	か	か	か	か

き
キ

きりん [키링] 기린

き ゠゠ききき 왼쪽 부분을 맞춘다.

き	き	き	き	き	き	き	き

く
쿠

くり [쿠리] 밤

く く 꺾는 부분을 약간 둥글게 한다.

く	く	く	く	く	く	く	く

け
케

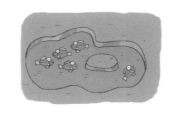

いけ [이께] 연못

필순 け け け け 왼쪽 부분을 위로 끌어올려 연결하는 느낌으로 쓴다.

け	け	け	け	け	け	け	け

こ
코

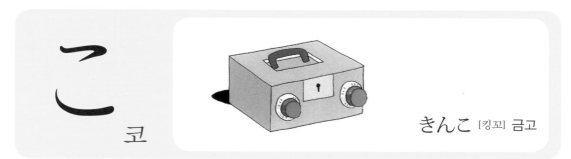

きんこ [킹꼬] 금고

필순 こ こ こ 왼쪽 부분을 맞춘다.

こ	こ	こ	こ	こ	こ	こ	こ

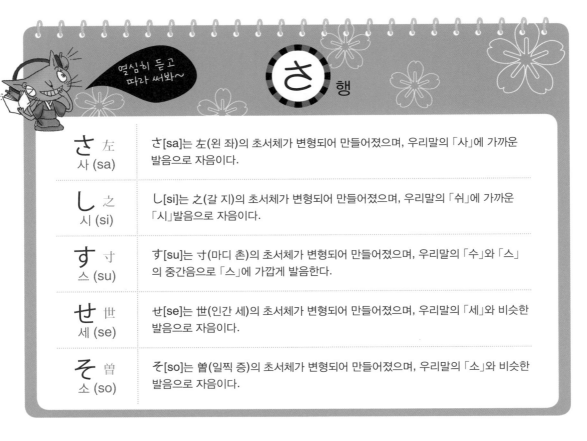

さ 左 사 (sa)	さ[sa]는 左(왼 좌)의 초서체가 변형되어 만들어졌으며, 우리말의 「사」에 가까운 발음으로 자음이다.
し 之 시 (si)	し[si]는 之(갈 지)의 초서체가 변형되어 만들어졌으며, 우리말의 「쉬」에 가까운 「시」발음으로 자음이다.
す 寸 스 (su)	す[su]는 寸(마디 촌)의 초서체가 변형되어 만들어졌으며, 우리말의 「수」와 「스」의 중간음으로 「스」에 가깝게 발음한다.
せ 世 세 (se)	せ[se]는 世(인간 세)의 초서체가 변형되어 만들어졌으며, 우리말의 「세」와 비슷한 발음으로 자음이다.
そ 曽 소 (so)	そ[so]는 曽(일찍 증)의 초서체가 변형되어 만들어졌으며, 우리말의 「소」와 비슷한 발음으로 자음이다.

さ
사

さる [사루] 원숭이

 아랫부분이 중심에 걸리도록 쓴다.

し
시

しか [시까] 사슴

필순 し し 천천히 쓰다가 꺾을 때는 둥글게 하여 재빠르게 쓴다.

し	し	し	し	し	し	し	し

す
스

すいか [스이까] 수박

필순 す す 가운데 부분은 원으로 돌린 다음 왼쪽으로 짧게 뺀다.

す	す	す	す	す	す	す	す

せ
세

せみ [세미] 매미

필순 せ ー ナ せ　가로선을 오른쪽 위로 올려 그린다.

せ	せ	せ	せ	せ	せ	せ	せ

そ
소

そば [소바] 메밀국수

필순 そ そ　끝 부분이 중심보다 길게 나오지 않게 한다.

そ	そ	そ	そ	そ	そ	そ	そ

쓰기와 발음 연습

✿ 한글로 표기된 발음을 보고 빈칸에 히라가나를 써 넣으세요.

[ ] り	[ ] ち ご	[ ] [ ] ぎ
아 리	이 치 고	우 사 기
[ ] [ ]	[ ] り が み	[ ] [ ]
에 끼	오 리 가 미	카 사
[ ] り ん	[ ] り	[ ] [ ]
키 링	쿠 리	이 께
[ ] ん [ ]	[ ] る	[ ] [ ]
킹 꼬	사 루	시 까
[ ] [ ] [ ]	[ ] み	[ ] ば
스 이 까	세 미	소 바

열심히 듣고
따라 써봐~

た 행

た 太 타 (ta)		た[ta]는 太(클 태)의 초서체가 변형되어 만들어졌으며, 우리말의 「다」와 「타」의 중간음으로 단어의 첫음절이 아닌 중간이나 끝에 올 때는 「따」에 가깝게 발음하며 자음이다.
ち 知 치 (chi)		ち[chi]는 知(알 지)의 초서체가 변형되어 만들어졌으며, 우리말의 「치」와 「찌」의 중간음으로 단어의 첫음절이 아닌 중간이나 끝에 올 때는 「찌」에 가깝게 발음한다.
つ 川 츠 (tsu)		つ[tsu]는 川(내 천)의 초서체가 변형되어 만들어졌으며, 우리말의 「쓰」, 「쯔」, 「츠」의 복합적인 음으로 단어의 중간이나 끝에 올 때는 약간 된소리로 발음한다.
て 天 테 (te)		て[te]는 天(하늘 천)의 초서체가 변형되어 만들어졌으며, 우리말의 「데」와 「테」의 중간음으로 단어의 첫음절이 아닌 중간이나 끝에 올 때는 「떼」에 가깝게 발음한다.
と 止 토 (to)		と[to]는 止(그칠 지)의 초서체가 변형되어 만들어졌으며, 우리말의 「도」와 「토」의 중간음으로 단어의 첫음절이 아닌 중간이나 끝에 올 때는 「또」에 가깝게 발음한다.

た 타

たいこ [타이꼬] 북

필순 た た た た た 왼쪽 부분은 약간 기울어지게 하며 오른쪽 아랫부분은 위아래를 맞춘다.

た	た	た	た	た	た	た

ち
치

うち [우찌] 집

필순 ち ち ち　　아래의 가로 방향은 천천히 돌려 뺀다.

ち	ち	ち	ち	ち	ち	ち	ち

つ
츠

つばめ [츠바메] 제비

필순 つ つ　　가로 방향을 길게 한다.

つ	つ	つ	つ	つ	つ	つ	つ

て
테

てぶくろ [테부꾸로] 장갑

필순 て て　아랫부분은 오른쪽 윗부분과 맞춘다.

て	て	て	て	て	て	て

と
토

いと [이또] 실

필순 と と　아랫부분과 오른쪽 윗부분을 맞추며 1획은 2획의 거의 중심에 둔다.

と	と	と	と	と	と	と

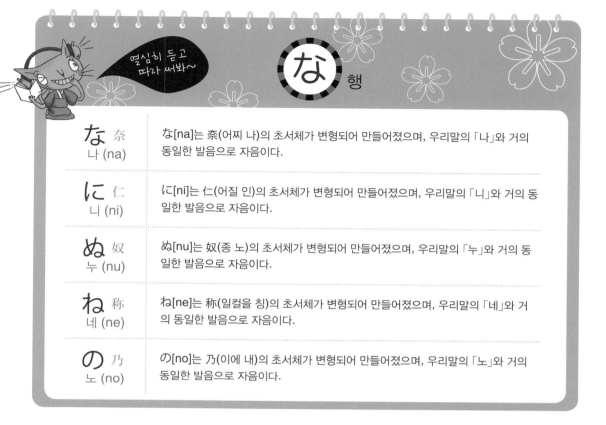

な 奈 나 (na)	な[na]는 奈(어찌 나)의 초서체가 변형되어 만들어졌으며, 우리말의 「나」와 거의 동일한 발음으로 자음이다.
に 仁 니 (ni)	に[ni]는 仁(어질 인)의 초서체가 변형되어 만들어졌으며, 우리말의 「니」와 거의 동일한 발음으로 자음이다.
ぬ 奴 누 (nu)	ぬ[nu]는 奴(종 노)의 초서체가 변형되어 만들어졌으며, 우리말의 「누」와 거의 동일한 발음으로 자음이다.
ね 称 네 (ne)	ね[ne]는 称(일컬을 칭)의 초서체가 변형되어 만들어졌으며, 우리말의 「네」와 거의 동일한 발음으로 자음이다.
の 乃 노 (no)	の[no]는 乃(이에 내)의 초서체가 변형되어 만들어졌으며, 우리말의 「노」와 거의 동일한 발음으로 자음이다.

な
ㄴ

なす [나스] 가지

필순 な な な な な　오른쪽 아래의 돌리는 부분에 주의한다.

な	な	な	な	な	な	な	な

23

にわとり [니와또리] 닭

 に に に に 왼쪽에서 오른쪽으로 이어 쓰듯이 한다.

に に に に に に に

ぬ
누

いぬ [이누] 개

 ぬ し ぬ 세로선은 사선으로 교차시키며 아랫부분은 거의 맞추듯이 그린다.

ぬ ぬ ぬ ぬ ぬ ぬ ぬ ぬ

ね
네

ねこ [네꼬] 고양이

필순 ね ㅣ ね 끝 부분은 왼쪽 가로선보다 약간 위에 맞춘다.

の
노

のり [노리] 풀

필순 の の 너무 둥글게 하지 않으며 가운데 선은 거의 중앙에 위치한다.

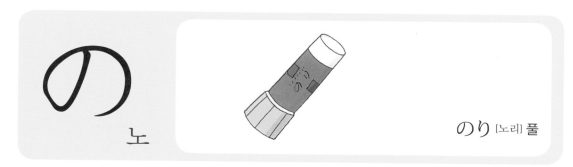

열심히 듣고
따라 써봐~

は 행

は 波 하 (ha)	は[ha]는 波(물결 파)의 초서체가 변형되어 만들어졌으며, 우리말의 「하」와 거의 동일한 발음으로 조사로 쓰일 때는 「와」로도 발음한다.
ひ 比 히 (hi)	ひ[hi]는 比(견줄 비)의 초서체가 변형되어 만들어졌으며, 우리말의 「히」와 거의 동일한 발음으로 자음이다.
ふ 不 후 (hu)	ふ[hu]는 不(아닐 불)의 초서체가 변형되어 만들어졌으며, 우리말의 「후」와 거의 동일한 발음으로 자음이다.
へ 部 헤 (he)	へ[he]는 部(거느릴 부)의 오른쪽 부분이 초서체가 변형되어 만들어졌으며, 우리말의 「헤」와 거의 동일한 발음으로 조사로 쓰일 때는 「에」로도 발음한다.
ほ 保 호 (ho)	ほ[ho]는 保(지킬 보)의 초서체가 변형되어 만들어졌으며, 우리말의 「호」와 거의 동일한 발음으로 자음이다.

は
하

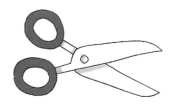
はさみ [하사미] 가위

필순 は は は は　끝부분은 왼쪽보다 약간 위에서 원을 그린다.

は	は	は	は	は	は	は	は

ひ
히

ひな [히나] 병아리

필순  왼쪽에서 천천히 그리다가 빨리 올린 다음 내린다.

ふ
후

ふくろう [후꾸로우]
부엉이

필순 ふ ふ ふ ふ ふ 아래쪽 끝 부분은 왼쪽보다 약간 높인다.

へ
헤

へび [헤비] 뱀

필순 へ へ 약간 끌어올려 길쭉하게 아래로 내려쓰며 꺾이는 부분은 각이 지지 않도록 한다.

ほ
호

ほし [호시] 별

필순 ほ ほ ほ ほ ほ 오른쪽 끝 부분의 돌리는 부분은 왼쪽보다 높게 잡는다.

쓰기와 발음 연습

✿ 한글로 표기된 발음을 보고 빈칸에 히라가나를 써 넣으세요.

타　이　꼬

우　찌

ば	め

츠　바　메

	ぶ	ろ

테　부　꾸　로

이　또

나　스

	わ	り

니　와　또　리

이　누

네　꼬

	り

노　리

	み

하　사　미

히　나

	ろ	

후　꾸　로　우

	び

헤　비

호　시

29

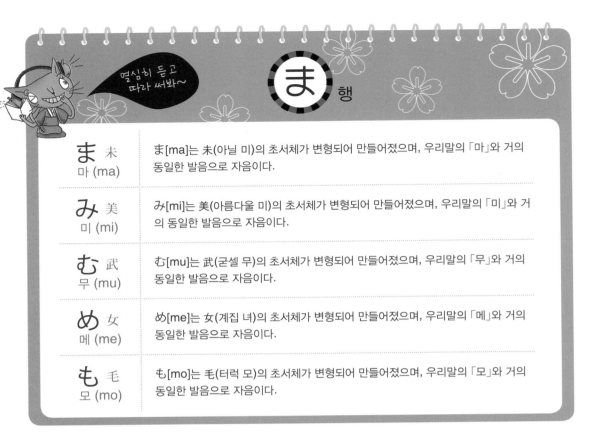

ま 未 마 (ma)	ま[ma]는 未(아닐 미)의 초서체가 변형되어 만들어졌으며, 우리말의 「마」와 거의 동일한 발음으로 자음이다.	
み 美 미 (mi)	み[mi]는 美(아름다울 미)의 초서체가 변형되어 만들어졌으며, 우리말의 「미」와 거 의 동일한 발음으로 자음이다.	
む 武 무 (mu)	む[mu]는 武(굳셀 무)의 초서체가 변형되어 만들어졌으며, 우리말의 「무」와 거의 동일한 발음으로 자음이다.	
め 女 메 (me)	め[me]는 女(계집 녀)의 초서체가 변형되어 만들어졌으며, 우리말의 「메」와 거의 동일한 발음으로 자음이다.	
も 毛 모 (mo)	も[mo]는 毛(터럭 모)의 초서체가 변형되어 만들어졌으며, 우리말의 「모」와 거의 동일한 발음으로 자음이다.	

ま
마

うま [우마] 말

필순 ま ﹃ = ま   돌리는 부분에 주의한다.

ま	ま	ま	ま	ま	ま	ま	ま

み
미

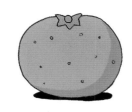

みかん^[미깡] 귤

필순 み みみ　끝 부분은 이어지듯이 돌려 밑으로 뺀다.

み	み	み	み	み	み	み	み

む
무

むし^[무시] 벌레

필순 む む む む　끝 부분의 점은 사선이 되게 그린다.

む	む	む	む	む	む	む	む

め
메

めだか [메다까]
송사리

필순 め ⎹め め 가로선이 사선으로 교차되게 약간 안쪽으로 기울여 쓴다.

め	め	め	め	め	め	め	め

も
모

もみじ [모미지] 낙엽

필순 も し も も 가로선은 낚싯바늘을 그리듯이 한다.

も	も	も	も	も	も	も	も

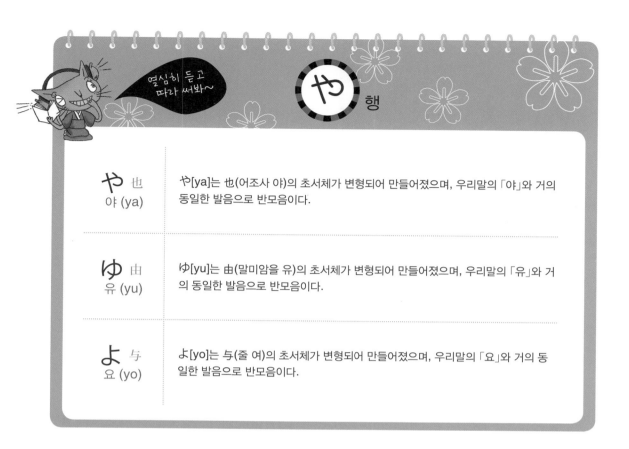

열심히 듣고 따라 써봐~

や행

や 也 야 (ya)	や[ya]는 也(어조사 야)의 초서체가 변형되어 만들어졌으며, 우리말의 「야」와 거의 동일한 발음으로 반모음이다.
ゆ 由 유 (yu)	ゆ[yu]는 由(말미암을 유)의 초서체가 변형되어 만들어졌으며, 우리말의 「유」와 거의 동일한 발음으로 반모음이다.
よ 与 요 (yo)	よ[yo]는 与(줄 여)의 초서체가 변형되어 만들어졌으며, 우리말의 「요」와 거의 동일한 발음으로 반모음이다.

や
야

やかん [야깡] 주전자

필순 や っ つや   가로선 끝은 약간 올려 낚싯바늘을 그리듯이 한다.

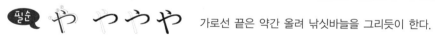

ゆ
유

ゆきだるま [유끼다루마]
눈사람

필순 ゆ ｜ ゆ　가로선의 길이에 주의하며 약간 안쪽을 기울여 쓴다.

ゆ	ゆ	ゆ	ゆ	ゆ	ゆ	ゆ	ゆ

よ
요

ようふく [요우후꾸] 옷

필순 よ よ　아래의 묶는 부분에 주의한다.

よ	よ	よ	よ	よ	よ	よ	よ

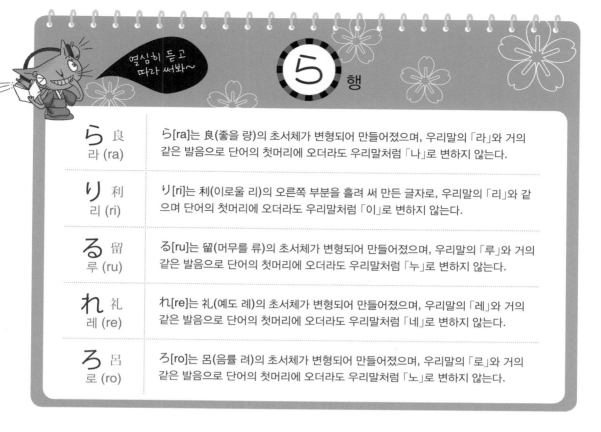

ら 良 라 (ra)	ら[ra]는 良(좋을 량)의 초서체가 변형되어 만들어졌으며, 우리말의 「라」와 거의 같은 발음으로 단어의 첫머리에 오더라도 우리말처럼 「나」로 변하지 않는다.
り 利 리 (ri)	り[ri]는 利(이로울 리)의 오른쪽 부분을 흘려 써 만든 글자로, 우리말의 「리」와 같으며 단어의 첫머리에 오더라도 우리말처럼 「이」로 변하지 않는다.
る 留 루 (ru)	る[ru]는 留(머무를 류)의 초서체가 변형되어 만들어졌으며, 우리말의 「루」와 거의 같은 발음으로 단어의 첫머리에 오더라도 우리말처럼 「누」로 변하지 않는다.
れ 礼 레 (re)	れ[re]는 礼(예도 례)의 초서체가 변형되어 만들어졌으며, 우리말의 「레」와 거의 같은 발음으로 단어의 첫머리에 오더라도 우리말처럼 「네」로 변하지 않는다.
ろ 呂 로 (ro)	ろ[ro]는 呂(음률 려)의 초서체가 변형되어 만들어졌으며, 우리말의 「로」와 거의 같은 발음으로 단어의 첫머리에 오더라도 우리말처럼 「노」로 변하지 않는다.

らくだ [라꾸다] 낙타

 마치는 부분은 글자의 거의 중앙에서 멈춘다.

り
리

りす [리스] 다람쥐

필순 り り り 한번에 그리듯이 하며 사이의 공간을 너무 넓게 하지 않도록 한다.

り	り	り	り	り	り	り

る
루

よる [요루] 밤

필순 る る 마지막 부분은 중심을 벗어나지 않도록 하며 달걀 모양으로 묶는다.

る	る	る	る	る	る	る

れ
레

れいぞうこ [레이조우꼬]
냉장고

필순 れ ｜ れ

2획의 시작은 세로선의 3분의 1 정도에서 시작한다.

ろ
로

ろうそく [로우소꾸] 초

필순 ろ ろ

마지막 부분은 달걀 모양으로 크게 그리며 중심에서 벗어나지 않도록 한다.

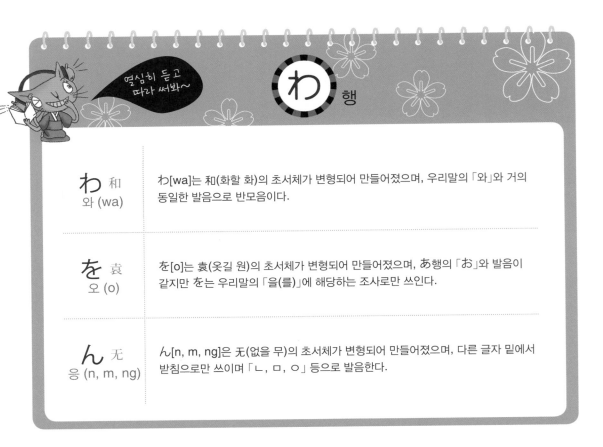

わ 和 와 (wa)	わ[wa]는 和(화할 화)의 초서체가 변형되어 만들어졌으며, 우리말의 「와」와 거의 동일한 발음으로 반모음이다.
を 袁 오 (o)	を[o]는 袁(옷길 원)의 초서체가 변형되어 만들어졌으며, あ행의 「お」와 발음이 같지만 を는 우리말의 「을(를)」에 해당하는 조사로만 쓰인다.
ん 无 응 (n, m, ng)	ん[n, m, ng]은 无(없을 무)의 초서체가 변형되어 만들어졌으며, 다른 글자 밑에서 받침으로만 쓰이며 「ㄴ, ㅁ, ㅇ」등으로 발음한다.

わ
와

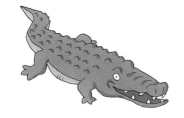

わに [와니] 악어

필순 わ 1 わ 처음에는 ね, れ와 동일하며 끝 부분에서는 낚싯바늘을 그리듯이 한다.

わ	わ	わ	わ	わ	わ	わ

を
오

はをみがく [하오미가꾸]
이를 닦다

필순 を ⸦ち を　2획과 3획을 연결하는 부분에 주의한다.

を	を	を	を	を	を	を	を

ん
응

せんす [센스] 부채

필순 ん ん　끝 부분이 짧지 않도록 그린다.

ん	ん	ん	ん	ん	ん	ん	ん

쓰기와 발음 연습

✿ 한글로 표기된 발음을 보고 빈칸에 히라가나를 써 넣으세요.

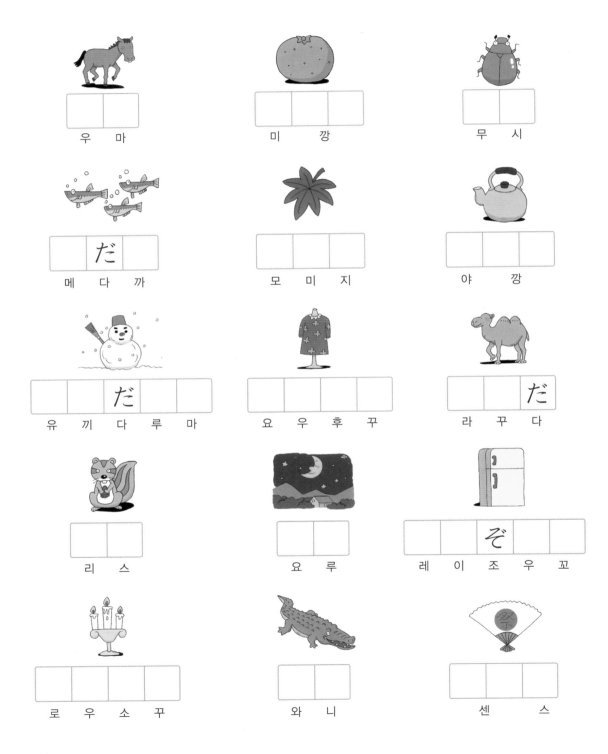

우 마

미 깡

무 시

| | だ | |

메 다 까

모 미 지

야 깡

| | | だ | |

유 끼 다 루 마

요 우 후 꾸

| | | だ |

라 꾸 다

리 스

요 루

| | | ぞ | |

레 이 조 우 꼬

로 우 소 꾸

와 니

센 스

가타카나 발음과 쓰기

	ア단	イ단	ウ단	エ단	オ단
ア행	ア 阿 아 (a)	イ 伊 이 (i)	ウ 宇 우 (u)	エ 江 에 (e)	オ 於 오 (o)
カ행	カ 加 카 (ka)	キ 幾 키 (ki)	ク 久 쿠 (ku)	ケ 介 케 (ke)	コ 己 코 (ko)
サ행	サ 散 사 (sa)	シ 之 시 (si)	ス 須 스 (su)	セ 世 세 (se)	ソ 曾 소 (so)
タ행	タ 多 타 (ta)	チ 千 치 (chi)	ツ 川 츠 (tsu)	テ 天 테 (te)	ト 止 토 (to)
ナ행	ナ 奈 나 (na)	二 仁 니 (ni)	ヌ 奴 누 (nu)	ネ 称 네 (ne)	ノ 乃 노 (no)
ハ행	ハ 八 하 (ha)	ヒ 比 히 (hi)	フ 不 후 (hu)	ヘ 部 헤 (he)	ホ 保 호 (ho)
マ행	マ 万 마 (ma)	ミ 三 미 (mi)	ム 牟 무 (mu)	メ 女 메 (me)	モ 毛 모 (mo)
ヤ행	ヤ 也 야 (ya)		ユ 由 유 (yu)		ヨ 與 요 (yo)
ラ행	ラ 良 라 (ra)	リ 利 리 (ri)	ル 留 루 (ru)	レ 礼 레 (re)	ロ 呂 로 (ro)
ワ행	ワ 和 와 (wa)				ヲ 乎 오 (o)
	ン レ 응 (n,m,ng))				

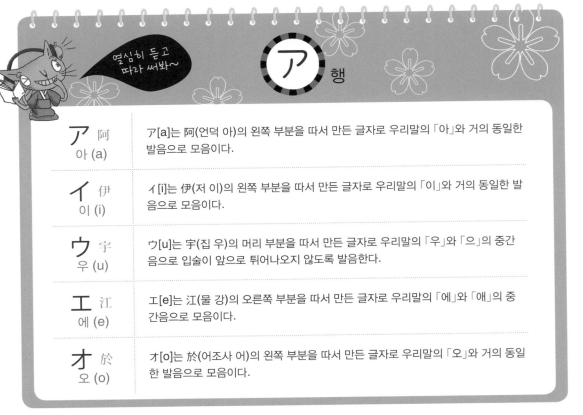

열심히 듣고
따라 써봐~

ア 행

ア 阿 아 (a)	ア[a]는 阿(언덕 아)의 왼쪽 부분을 따서 만든 글자로 우리말의 「아」와 거의 동일한 발음으로 모음이다.
イ 伊 이 (i)	イ[i]는 伊(저 이)의 왼쪽 부분을 따서 만든 글자로 우리말의 「이」와 거의 동일한 발음으로 모음이다.
ウ 宇 우 (u)	ウ[u]는 宇(집 우)의 머리 부분을 따서 만든 글자로 우리말의 「우」와 「으」의 중간음으로 입술이 앞으로 튀어나오지 않도록 발음한다.
エ 江 에 (e)	エ[e]는 江(물 강)의 오른쪽 부분을 따서 만든 글자로 우리말의 「에」와 「애」의 중간음으로 모음이다.
オ 於 오 (o)	オ[o]는 於(어조사 어)의 왼쪽 부분을 따서 만든 글자로 우리말의 「오」와 거의 동일한 발음으로 모음이다.

ア
아

アイロン [아이롱]
다리미

필순 ア アア 세로선은 중심에서 시작하여 왼쪽으로 치우치게 한다.

ア	ア	ア	ア	ア	ア	ア	ア

イ
이

マイク [마이꾸] 마이크

필순 イ ノイ

세로선은 중심에서 시작하며 끝 부분은 확실히 멈춘다.

イ	イ	イ	イ	イ	イ	イ	イ

ウ
우

ウエハース [우-에하-스]
웨하스

필순 ウ ウ ウ ウ

왼쪽 가로선과 오른쪽 가로선의 길이에 주의하며 안쪽으로 기울여 쓴다.

ウ	ウ	ウ	ウ	ウ	ウ	ウ	ウ

エ
에

エプロン [에뿌롱]
에이프런

필순 エ ｜ エ エ　위와 아래의 선 길이에 주의한다.

エ	エ	エ	エ	エ	エ	エ	エ

オ
오

オレンジ [오렌지]
오렌지

필순 オ ノ 亅 オ　세로선은 중앙에서 약간 오른쪽에 중심을 둔다.

オ	オ	オ	オ	オ	オ	オ	オ

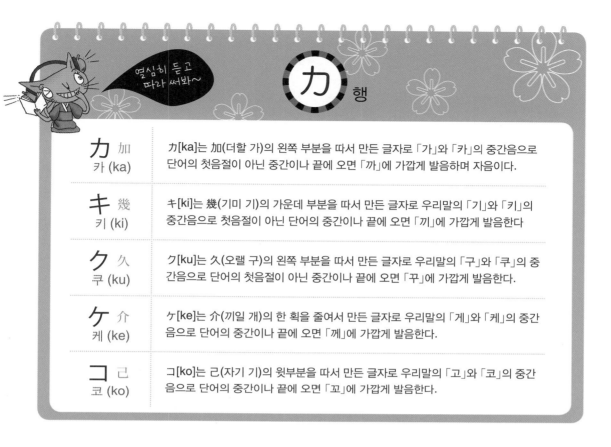

열심히 듣고 따라 써봐~

カ행

力 加 카 (ka)	カ[ka]는 加(더할 가)의 왼쪽 부분을 따서 만든 글자로 「가」와 「카」의 중간음으로 단어의 첫음절이 아닌 중간이나 끝에 오면 「까」에 가깝게 발음하며 자음이다.
キ 幾 키 (ki)	キ[ki]는 幾(기미 기)의 가운데 부분을 따서 만든 글자로 우리말의 「기」와 「키」의 중간음으로 첫음절이 아닌 단어의 중간이나 끝에 오면 「끼」에 가깝게 발음한다
ク 久 쿠 (ku)	ク[ku]는 久(오랠 구)의 왼쪽 부분을 따서 만든 글자로 우리말의 「구」와 「쿠」의 중간음으로 단어의 첫음절이 아닌 중간이나 끝에 오면 「꾸」에 가깝게 발음한다.
ケ 介 케 (ke)	ケ[ke]는 介(끼일 개)의 한 획을 줄여서 만든 글자로 우리말의 「게」와 「케」의 중간음으로 단어의 중간이나 끝에 오면 「께」에 가깝게 발음한다.
コ 己 코 (ko)	コ[ko]는 己(자기 기)의 윗부분을 따서 만든 글자로 우리말의 「고」와 「코」의 중간음으로 단어의 중간이나 끝에 오면 「꼬」에 가깝게 발음한다.

カ 카

カメラ [카메라] 카메라

필순 カ ク カ 왼쪽과 오른쪽의 경사는 평행을 이루게 한다.

力	力	力	力	力	力	力	力

45

キ
키

キウイ [키우이] 키위

필순 キ ー ニ キ 가로선은 오른쪽 위로 올리며 길이에 주의한다.

キ	キ	キ	キ	キ	キ	キ	キ

ク
쿠

クリスマス [쿠리스마스]
크리스마스

필순 ク ノ ク 오른쪽의 경사를 왼쪽보다 길게 내린다

ク	ク	ク	ク	ク	ク	ク	ク

ケ

케

ケーキ [케-끼] 케이크

필순 ケ ノ ケ ケ 　3획은 2획의 거의 중앙에서 시작하여 왼쪽으로 경사지게 한다.

ケ	ケ	ケ	ケ	ケ	ケ	ケ	ケ

コ

코

コアラ [코아라] 코알라

필순 コ コ コ 　오른쪽 세로선은 왼쪽으로 약간 기울인다.

コ	コ	コ	コ	コ	コ	コ	コ

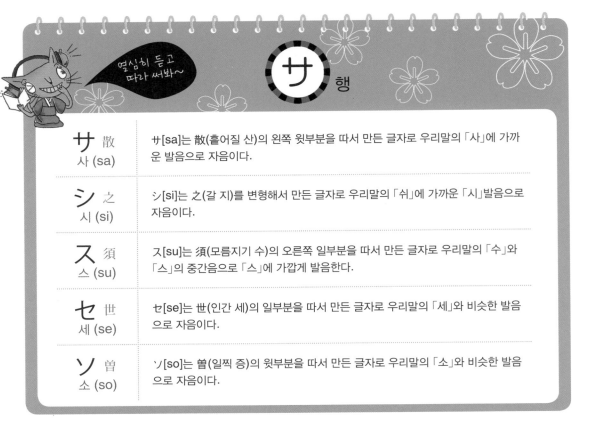

サ 散 사 (sa)	サ[sa]는 散(흩어질 산)의 왼쪽 윗부분을 따서 만든 글자로 우리말의 「사」에 가까운 발음으로 자음이다.
シ 之 시 (si)	シ[si]는 之(갈 지)를 변형해서 만든 글자로 우리말의 「쉬」에 가까운 「시」발음으로 자음이다.
ス 須 스 (su)	ス[su]는 須(모름지기 수)의 오른쪽 일부분을 따서 만든 글자로 우리말의 「수」와 「스」의 중간음으로 「스」에 가깝게 발음한다.
セ 世 세 (se)	セ[se]는 世(인간 세)의 일부분을 따서 만든 글자로 우리말의 「세」와 비슷한 발음으로 자음이다.
ソ 曽 소 (so)	ソ[so]는 曽(일찍 증)의 윗부분을 따서 만든 글자로 우리말의 「소」와 비슷한 발음으로 자음이다.

サ
사

サラダ [사라다] 샐러드

필순 サ ーササ 오른쪽 가로선은 안쪽으로 기울이며 왼쪽선보다 길게 후려친다.

シ
시

シーソー [시-소-] 시소

필순 シ シ シ シ　점은 아랫부분보다 왼쪽에 두며 출발점에 주의한다.

シ	シ	シ	シ	シ	シ	シ	シ

ス
스

スリッパ [스립빠]
슬리퍼

필순 ス ス ス　아랫부분은 평행을 이루게 한다.

ス	ス	ス	ス	ス	ス	ス	ス

セ
세

セーター [세-따-]
스웨터

필순 セ 乁 セ　가로선을 오른쪽 위로 약간 끌어올린 다음 안으로 꺾는다.

セ	セ	セ	セ	セ	セ	セ	セ

ソ
소

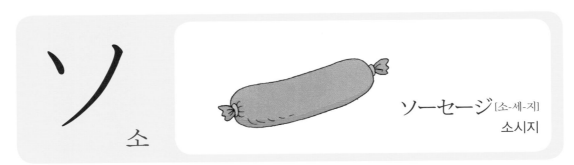

ソーセージ [소-세-지]
소시지

필순 ソ ゙ソ ソ　왼쪽과 오른쪽 사이를 넓게 떼며 출발점에 주의한다.

ソ	ソ	ソ	ソ	ソ	ソ	ソ	ソ

쓰기와 발음 연습

✿ 한글로 표기된 발음을 보고 빈칸에 가타카나를 써 넣으세요.

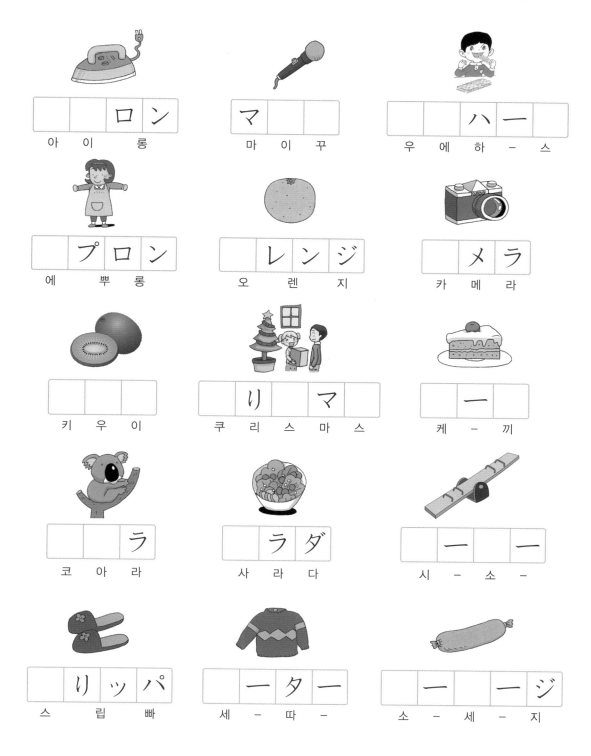

		ロ	ン
아	이	롱	

마 이 꾸 → マ

우 에 하 스 → ハ ー

에 뿌 롱 → プ ロ ン

오 렌 지 → レ ン ジ

카 메 라 → メ ラ

키 우 이

쿠 리 스 마 스 → リ マ

케 끼 → ー

코 아 라 → ラ

사 라 다 → ラ ダ

시 소 → ー ー

스 립 빠 → リ ッ パ

세 따 → ー タ ー

소 세 지 → ー ー ジ

열심히 듣고
따라 써봐~

タ 행

タ 多 타 (ta)	タ[ta]는 多(많을 다)의 윗부분을 따서 만든 글자로 우리말의 「다」와 「타」의 중간음으로 단어의 첫음절이 아닌 중간이나 끝에 올 때는 「따」에 가깝게 발음하며 자음이다.
チ 千 치 (chi)	チ[chi]는 千(일천 천)를 그대로 본떠서 만든 글자로 우리말의 「치」와 「찌」의 중간음으로 단어의 첫음절이 아닌 중간이나 끝에 올 때는 「찌」에 가깝게 발음한다.
ツ 川 츠 (tsu)	ツ[tsu]는 川(내 천)를 변형해서 만든 글자로 우리말의 「쓰」, 「쯔」, 「츠」의 복합적인 음으로 단어의 중간이나 끝에 올 때는 약간 된소리로 발음한다.
テ 天 테 (te)	テ[te]는 天(하늘 천)의 오른쪽 부분을 변형해서 만든 글자로 단어의 첫음절이 아닌 중간이나 끝에 올 때는 「떼」에 가깝게 발음한다.
ト 止 토 (to)	ト[to]는 止(그칠 지)의 오른쪽 윗부분을 따서 만든 글자로 우리말의 「도」와 「토」의 중간음으로 단어의 첫음절이 아닌 중간이나 끝에 올 때는 「또」에 가깝게 발음한다.

タ
타

タオル[타오루] 타월

필순 タ ノ ク タ 　ク와 동일하게 하되 3획은 글자의 중앙에 오도록 한다.

タ	タ	タ	タ	タ	タ	タ	タ

52

チ
치

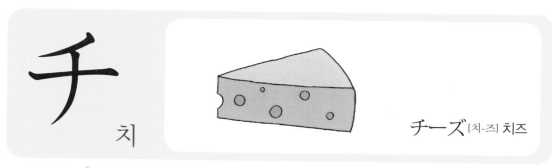

チーズ [치-즈] 치즈

필순 チ チ ナ チ   3획은 중심보다 약간 오른쪽에서 써내려간다.

チ	チ	チ	チ	チ	チ	チ	チ

ツ
츠

ツリー [츠리-] 트리

필순 ツ ツ ツ ツ   1획과 2획은 오른쪽 내려쓰고 3획은 왼쪽으로 길게 내려쓰며 출발점에 주의한다.

ツ	ツ	ツ	ツ	ツ	ツ	ツ	ツ

テ
テ

テレビ [테레비] 텔레비전

필순 テ テテテ　가로선은 길이에 주의하며 세로선은 약간 오른쪽에서 써내려간다.

テ	テ	テ	テ	テ	テ	テ	テ

ト
토

トマト [토마또] 토마토

필순 ト ｜ト　2획은 가로선의 약간 위쪽에서 시작한다.

ト	ト	ト	ト	ト	ト	ト	ト

ナ 奈 나 (na)	ナ[na]는 奈(어찌 나)의 위쪽 한 분분을 따서 만든 글자로 우리말의 「나」와 거의 동일한 발음으로 자음이다.
二 二 니 (ni)	二[ni]는 二(두 이)를 그대로 본떠서 만든 글자로 우리말의 「니」와 거의 동일한 발음으로 자음이다.
ヌ 奴 누 (nu)	ヌ[nu]는 奴(종 노)의 오른쪽 부분을 따서 만든 글자로 우리말의 「누」와 거의 동일한 발음으로 자음이다.
ネ 称 네 (ne)	ネ[ne]는 称(일컬을 칭)의 왼쪽 부분을 따서 만든 글자로 우리말의 「네」와 거의 동일한 발음으로 자음이다.
ノ 乃 노 (no)	ノ[no]는 乃(이에 내)의 왼쪽 일부분을 따서 만든 글자로 우리말의 「노」와 거의 동일한 발음으로 자음이다.

ナ
나

ナイフ [나이후] 나이프

필순 ナ ナ ナ　세로선은 중심보다 오른쪽에서 시작하며 왼쪽으로 기울인다.

ナ	ナ	ナ	ナ	ナ	ナ	ナ

ニ
니

필순 ニ ニ ニ 위아래의 길이에 주의하며 안쪽을 약간 굽힌다.

ニ	ニ	ニ	ニ	ニ	ニ	ニ	ニ

ヌ
누

カヌー [카누-] 카누

필순 ヌ フ ヌ 2획은 거의 중앙에 둔다.

ヌ	ヌ	ヌ	ヌ	ヌ	ヌ	ヌ	ヌ

ネ
네

ネクタイ [네꾸따이] 넥타이

필순 ネ　ネ　ラ ネ ネ　　4획은 글자에서 약간 뗀다.

ノ
노

ノート [노-또] 노트

필순 ノ　ノ　　왼쪽으로 비스듬하게 삐침을 그리듯이 한다.

열심히 듣고
따라 써봐~

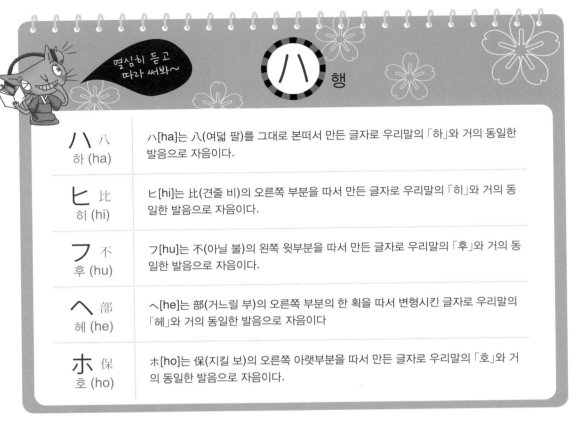

ハ 행

ハ 八 하 (ha)	ハ[ha]는 八(여덟 팔)를 그대로 본떠서 만든 글자로 우리말의 「하」와 거의 동일한 발음으로 자음이다.
ヒ 比 히 (hi)	ヒ[hi]는 比(견줄 비)의 오른쪽 부분을 따서 만든 글자로 우리말의 「히」와 거의 동일한 발음으로 자음이다.
フ 不 후 (hu)	フ[hu]는 不(아닐 불)의 왼쪽 윗부분을 따서 만든 글자로 우리말의 「후」와 거의 동일한 발음으로 자음이다.
ヘ 部 헤 (he)	ヘ[he]는 部(거느릴 부)의 오른쪽 부분의 한 획을 따서 변형시킨 글자로 우리말의 「헤」와 거의 동일한 발음으로 자음이다
ホ 保 호 (ho)	ホ[ho]는 保(지킬 보)의 오른쪽 아랫부분을 따서 만든 글자로 우리말의 「호」와 거의 동일한 발음으로 자음이다.

ハ

하

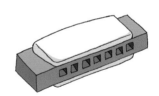

ハーモニカ [하-모니까]
하모니카

필순 ハ ハ ハ 왼쪽과 오른쪽 사이를 넓게 둔다.

58

ヒ
히

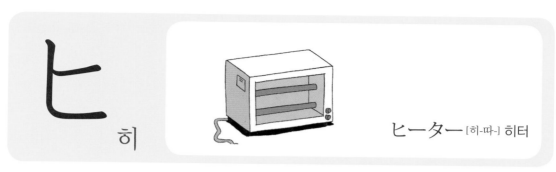

ヒーター [히-따-] 히터

필순 ヒ ㅣ ヒ　1획의 가로선은 약간 위쪽에서 시작하여 아래로 내린다.

ヒ	ヒ	ヒ	ヒ	ヒ	ヒ	ヒ	ヒ

フ
후

フォーク [휘-꾸] 포크

필순 フ フ　꺾을 때는 과감하게 한다.

フ	フ	フ	フ	フ	フ	フ	フ

へ
헤

ヘリコプター [헤리꼬뿌따-]
헬리콥터

필순 `へ  へ` 편평하게 그리며 히라가나 へ보다 꺾는 부분을 각지게 한다.

ホ
호

ホース [호-스] 호스

필순 `ホ  一 ナ オ ホ` 좌우의 점은 끝으로 갈수록 넓어지게 한다.

쓰기와 발음 연습

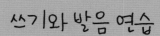

✿ 한글로 표기된 발음을 보고 빈칸에 가타카나를 써 넣으세요.

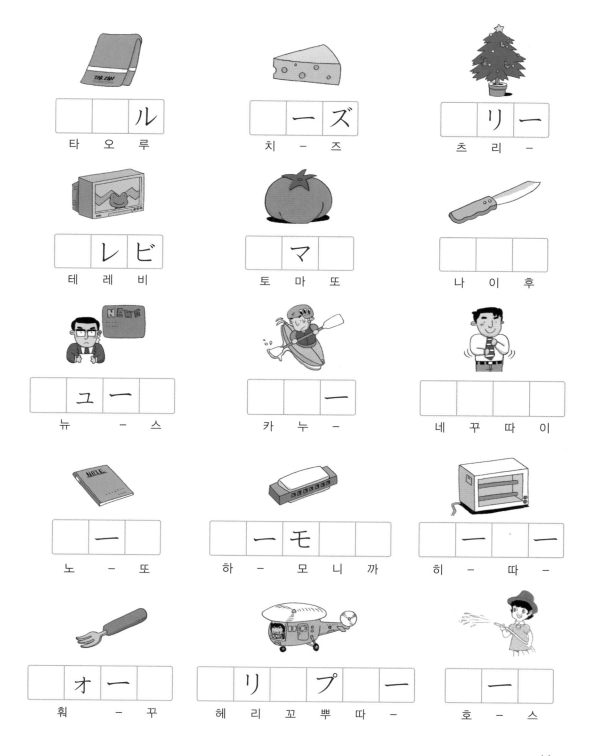

□ □ ル	□ ー ズ	□ リ ー
타　오　루	치　-　즈	츠　리　-

□ レ ビ	□ マ □	□ □ □
테　레　비	토　마　또	나　이　후

□ ユ ー □	□ □ ー	□ □ □ □
뉴　-　스	카　누　-	네　꾸　따　이

□ ー □	□ ー モ □ □	□ □ ー
노　-　또	하　-　모　니　까	히　-　따　-

□ オ ー	□ リ プ ー	□ ー □
훠　-　꾸	헤　리　꼬　뿌　따　-	호　-　스

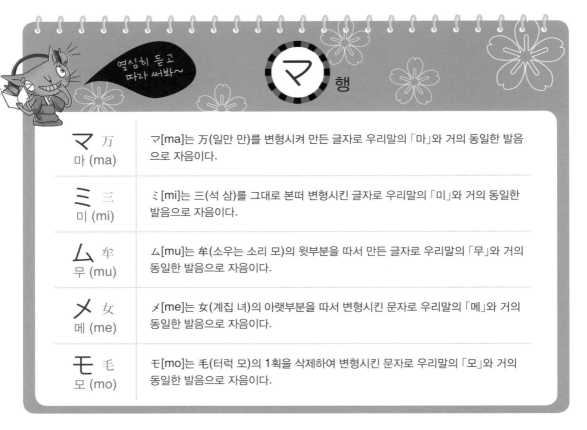

열심히 듣고 따라 써봐~

マ 万 마 (ma)	マ[ma]는 万(일만 만)를 변형시켜 만든 글자로 우리말의 「마」와 거의 동일한 발음으로 자음이다.
ミ 三 미 (mi)	ミ[mi]는 三(석 삼)를 그대로 본떠 변형시킨 글자로 우리말의 「미」와 거의 동일한 발음으로 자음이다.
ム 牟 무 (mu)	ム[mu]는 牟(소우는 소리 모)의 윗부분을 따서 만든 글자로 우리말의 「무」와 거의 동일한 발음으로 자음이다.
メ 女 메 (me)	メ[me]는 女(계집 녀)의 아랫부분을 따서 변형시킨 문자로 우리말의 「메」와 거의 동일한 발음으로 자음이다.
モ 毛 모 (mo)	モ[mo]는 毛(터럭 모)의 1획을 삭제하여 변형시킨 문자로 우리말의 「모」와 거의 동일한 발음으로 자음이다.

マ
마

マフラー [마후라] 머플러

필순  マ マ マ

2획의 점은 글자의 중심에 위치한다.

マ	マ	マ	マ	マ	マ	マ	マ

ミ
미

ミルク [미루꾸] 밀크

필순 ミ ミミミ   마지막 부분은 약간 길게 한다.

ミ	ミ	ミ	ミ	ミ	ミ	ミ

ム
무

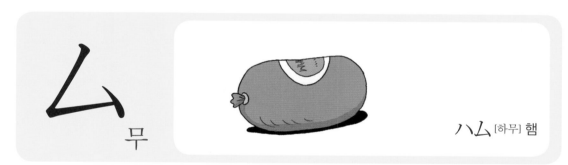

ハム [하무] 햄

필순 ム ムム   정삼각형으로 하되 마지막 획은 왼쪽과 평행이 되게 한다.

ム	ム	ム	ム	ム	ム	ム

メ
메

メロン [메롱] 메론

필순 メ　ノメ　중심에서 교차시키며 점 아래는 약간 길게 한다.

メ	メ	メ	メ	メ	メ	メ	メ

モ
모

モノレール [모노레-루]
모노레일

필순 モ　モ ニ モ　가로선의 길이에 주의한다.

モ	モ	モ	モ	モ	モ	モ	モ

열심히 듣고
따라 써봐~

ヤ행

ヤ 也 야 (ya)	ヤ[ya]는 也(어조사 야)의 1획을 삭제하여 변형시킨 글자로 우리말의 「야」와 거의 동일한 발음으로 반모음이다.
ユ 由 유 (yu)	ユ[yu]는 由(말미암을 유)의 아랫부분을 따서 변형시킨 글자로 우리말의 「유」와 거의 동일한 발음으로 반모음이다.
ヨ 與 요 (yo)	ヨ[yo]는 與(줄 여)의 오른쪽 윗부분을 따서 변형시킨 글자로 우리말의 「요」와 거의 동일한 발음으로 반모음이다.

ヤ
야

タイヤ [타이야] 타이어

필순 ヤ ヤ ヤ   가로선을 위로 올린 다음 안쪽으로 꺾는다.

ヤ	ヤ	ヤ	ヤ	ヤ	ヤ	ヤ	ヤ

グ
유

ユニホーム [유니호-무]
유니폼

필순 グ　グ グ　　아랫부분은 약간 위쪽으로 휘어지게 한다.

ヨ
요

ヨット [욧또] 요트

필순 ヨ　ヨ ヨ ヨ　　가로선의 간격은 같게 하며 세로선은 왼쪽으로 약간 기울인다.

ラ 良 라 (ra)	ラ[ra]는 良(좋을 량)의 위쪽 일부분을 따서 변형시킨 글자로 우리말의 「라」와 거의 같은 발음으로 단어의 첫머리에 오더라도 우리말처럼 「나」로 변하지 않는다.
リ 利 리 (ri)	リ[ri]는 利(이로울 리)의 오른쪽 부분을 따서 만든 글자로 우리말의 「리」와 같으며 단어의 첫머리에 오더라도 우리말처럼 「이」로 변하지 않는다.
ル 流 루 (ru)	ル[ru]는 流(흐를 류)의 오른쪽 아랫부분을 따서 변형시킨 글자로 우리말의 「루」와 거의 같은 발음으로 단어의 첫머리에 오더라도 우리말처럼 「누」로 변하지 않는다.
レ 礼 레 (re)	レ[re]는 礼(예도 례)의 오른쪽 부분을 따서 만든 글자로 우리말의 「레」와 거의 같은 발음으로 단어의 첫머리에 오더라도 우리말처럼 「네」로 변하지 않는다.
ロ 呂 로 (ro)	ロ[ro]는 呂(음률 려)의 위쪽 부분을 따서 만든 글자로 우리말의 「로」와 거의 같은 발음으로 단어의 첫머리에 오더라도 우리말처럼 「노」로 변하지 않는다.

ラ
라

ライオン [라이옹] 사자

필순 ラ ラ ラ 가로선의 간격에 넓게 하지 않도록 주의한다.

ラ	ラ	ラ	ラ	ラ	ラ	ラ	ラ

リ
리

リボン [리봉] 리본

필순 リ リリ   1획에서 짧게 그린 다음 멈추고 2획은 빠르게 써내려간다.

リ	リ	リ	リ	リ	リ	リ

ル
루

ルーレット [루-렛또]
룰렛

필순 ル ルル   세로선의 간격은 넓히며 아래는 평행을 이루게 한다.

ル	ル	ル	ル	ル	ル	ル

レ
레

レモン [레몽] 레몬

필순 レ　レ　중심보다 왼쪽에서 시작하여 위로 끌어올린다.

ロ
로

ロープ [로-뿌] 로프

필순 ロ　丨　ロ　ロ　세로선은 안쪽으로 기울인다.

열심히 듣고 따라 써봐~

ワ 행

ワ 和 와 (wa)	ワ[wa]는 和(화할 화)의 오른쪽 부분의 1획을 삭제하여 변형시킨 글자로 우리말의 「와」와 거의 동일한 발음으로 반모음이다.
ヲ 乎 오 (o)	ヲ[o]는 乎(인가 호)의 일부분을 취해서 만든 글자로 ア행의 オ와 발음이 같다. * 카타카나 ヲ는 거의 쓰이지 않는다.
ン レ 응 (n, m, ng)	ン[n, m, ng]은 카타카나 レ를 변형시켜 만든 글자로 다른 글자 밑에서 받침으로만 쓰이며 「ㄴ, ㅁ, ㅇ」등으로 발음한다.

ワ
와

ワイシャツ [와이샤쯔]
와이셔츠

필순 ワ ワ ワ   오른쪽 선은 중심까지 끌어내린다.

ワ	ワ	ワ	ワ	ワ	ワ	ワ

ヲ
오

はをみがく
ハヲミガク [하오미가꾸]
이를 닦다

필순 ヲ ヲ ヲ ヲ 오른쪽 선은 중심까지 길쭉하게 끌어내린다.

ヲ	ヲ	ヲ	ヲ	ヲ	ヲ	ヲ	ヲ

ン
응

ペンギン [펭깅] 펭귄

필순 ン ン ン 위쪽 점은 아래쪽 선의 중심에 위치하며 출발점에 주의한다.

ン	ン	ン	ン	ン	ン	ン	ン

쓰기와 발음 연습

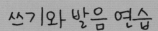

✿ 한글로 표기된 발음을 보고 빈칸에 가타카나를 써 넣으세요.

마 후 라 ー

미 루 꾸

하 무

메 롱

모 노 레 ー 루

타 이 야

유 니 호 ー 무

옷 ツ 또

라 이 옹

ボ
리 봉

ツ
루 ー 렛 또

레 몽

ー プ
로 ー 뿌

シ ャ
와 이 샤 쯔

ペ ギ
펭 깅

여러가지 발음 익히기

○ 탁음·반탁음 ○ 요음 ● 발음 ○ 촉음 ○ 장음

탁음
반탁음

탁음[濁音:だくおん]이란 청음(清音)에 비해 탁한 소리를 말하며, か(カ) さ(サ) た(タ) は (ハ)행의 글자 오른쪽 윗부분에 탁점「 ゛」을 붙인 음을 말한다. だ(ダ)행의 ぢ(ヂ) づ(ヅ)는 ざ (ザ)행의 じ(ジ) ず(ズ)와 발음이 동일하여 현대어에는 특별한 경우 이외는 별로 쓰이지 않는 다.

반탁음[半濁音:はんだくおん]은 は행의 오른쪽 윗부분에 반탁점(「 ゜」을 붙인 것을 말하며 우리말의 「ㅍ」과 「ㅃ」의 중간음으로 단어의 첫머리에 올 경우에는 「ㅍ」에 가깝게 발음하고 단

	あ단	い단	う단	え단	お단
が행	が 가 (ga)	ぎ 기 (gi)	ぐ 구 (gu)	げ 게 (ge)	ご 고 (go)
ざ행	ざ 자 (za)	じ 지 (zi)	ず 즈 (zu)	ぜ 제 (ze)	ぞ 조 (zo)
だ행	だ 다 (da)	ぢ 지 (zi)	づ 즈 (zu)	で 데 (de)	ど 도 (do)
ば행	ば 바 (ba)	び 비 (bi)	ぶ 부 (bu)	べ 베 (be)	ぼ 보 (bo)
ぱ행	ぱ 파 (pa)	ぴ 피 (pi)	ぷ 푸 (pu)	ぺ 페 (pe)	ぽ 포 (po)

	ア단	イ단	ウ단	エ단	オ단
ガ행	ガ 가 (ga)	ギ 기 (gi)	グ 구 (gu)	ゲ 게 (ge)	ゴ 고 (go)
ザ행	ザ 자 (za)	ジ 지 (zi)	ズ 즈 (zu)	ゼ 제 (ze)	ゾ 조 (zo)
ダ행	ダ 다 (da)	ヂ 지 (zi)	ヅ 즈 (zu)	デ 데 (de)	ド 도 (do)
バ행	バ 바 (ba)	ビ 비 (bi)	ブ 부 (bu)	ベ 베 (be)	ボ 보 (bo)
パ행	パ 파 (pa)	ピ 피 (pi)	プ 푸 (pu)	ペ 페 (pe)	ポ 포 (po)

열심히 듣고 따라 써봐~

が 행

가행의 발음은 か(カ)행과는 달리 어두나 어미, 또는 어중(語中)에 올 때도 마찬가지로 「가 기 구 게 고」로 발음하며 동경지방에서는 비음(鼻音)으로 발음한다.

が	가 (ga)	が	が		
ぎ	기 (gi)	ぎ	ぎ		
ぐ	구 (gu)	ぐ	ぐ		
げ	게 (ge)	げ	げ		
ご	고 (go)	ご	ご		

がか [가까]
화가

かぎ [카기]
열쇠

かぐ [카구]
가구

ひげ [히게]
수염

ごご [고고]
오후

ガ	가 (ga)	ガ	ガ		
ギ	기 (gi)	ギ	ギ		
グ	구 (gu)	グ	グ		
ゲ	게 (ge)	ゲ	ゲ		
ゴ	고 (go)	ゴ	ゴ		

ガス [가스]
가스

ギター [기따-]
기타

グラム [구라무]
그램

ゲーム [게-무]
게임

ゴール [고-루]
골

75

자행의 발음은 우리말에 없어서 정확히 발음하기 어렵지만 대체적으로 「자 지 즈 제 조」로 발음하면 된다. 입 모양은 さ(サ)행과 동일하다.

ざ	자 (za)	ざ	ざ		
じ	지 (zi)	じ	じ		
ず	즈 (zu)	ず	ず		
ぜ	제 (ze)	ぜ	ぜ		
ぞ	조 (zo)	ぞ	ぞ		

ざせき [자세끼]
좌석, 자리

にじ [니지]
무지개

きず [키즈]
상처, 흠집

かぜ [카제]
바람

なぞ [나조]
수수께끼

ザ	자 (za)	ザ	ザ		
ジ	지 (zi)	ジ	ジ		
ズ	즈 (zu)	ズ	ズ		
ゼ	제 (ze)	ゼ	ゼ		
ゾ	조 (zo)	ゾ	ゾ		

ザイル [자이루]
자일, 밧줄

ジグザグ
[지구자구]
지그재그

サイズ [사이즈]
사이즈

ゼロ [제로]
제로, 영

ゾライズム
[조라이즈무]
졸라이즘

다행의 だ(ダ) で(デ) ど(ド)는 우리말의 「다 데 도」로 발음하고, ぢ(ヂ) づ(ヅ)는 ざ(ザ)행의 じ
(ジ) ず(ズ)와 발음이 동일하며 「지 즈」로 발음한다.

だ	다 (da)	だ	だ		
ぢ	지 (zi)	ぢ	ぢ		
づ	즈 (zu)	づ	づ		
で	데 (de)	で	で		
ど	도 (do)	ど	ど		

だれ [다레]
누구

はなぢ [하나지]
코피

つづみ [쓰즈미]
북

そで [소데]
소매

まど [마도]
창, 창문

ダ	다 (da)	ダ	ダ		
ヂ	지 (zi)	ヂ	ヂ		
ヅ	즈 (zu)	ヅ	ヅ		
デ	데 (de)	デ	デ		
ド	도 (do)	ド	ド		

ダウン [다운]
다운

デート [데-또]
데이트

ドア [도아]
도어, 문

ダイアリー
[다이아리-]
다이어리

データ [데-따]
데이터

77

바행은 우리말의 「바 비 부 베 보」와 발음이 거의 비슷하다. 단, ぶ(ブ)는 입술을 둥글게 하여 발음하지 않도록 한다.

ば	바 (ba)	ば	ば		
び	비 (bi)	び	び		
ぶ	부 (bu)	ぶ	ぶ		
べ	베 (be)	べ	べ		
ぼ	보 (bo)	ぼ	ぼ		

ばか [바까]
바보

へび [헤비]
뱀

ぶた [부따]
돼지

かべ [카베]
벽

ぼく [보꾸]
나

バ	바 (ba)	バ	バ		
ビ	비 (bi)	ビ	ビ		
ブ	부 (bu)	ブ	ブ		
ベ	베 (be)	ベ	ベ		
ボ	보 (bo)	ボ	ボ		

アルバイト
[아루바이또]
아르바이트

ビデオ [비데오]
비디오

ブレーキ [부레-끼]
브레이크

ベビー [베비-]
베이비, 아기

ボート [보-또]
보트

파행의 반탁음은 우리말의 「ㅍ」과 「ㅃ」의 중간음으로 단어의 첫머리에 올 경우에는 「ㅍ」에 가깝게 발음하고 단어의 중간이나 끝에 올 때는 「ㅃ」에 가깝게 발음한다.

ぱ	파 (pa)	ぱ	ぱ		
ぴ	피 (pi)	ぴ	ぴ		
ぷ	푸 (pu)	ぷ	ぷ		
ぺ	페 (pe)	ぺ	ぺ		
ぽ	포 (po)	ぽ	ぽ		

ぱらぱら [파라빠라]
뿔뿔이

ぴりぴり [피리삐리]
얼얼함

ぷかぷか [푸까뿌까]
뻐금뻐금

ぺこぺこ [페꼬뻬꼬]
꼬르륵

ぽかぽか [포까뽀까]
따끈따끈

パ	파 (pa)	パ	パ		
ピ	피 (pi)	ピ	ピ		
プ	푸 (pu)	プ	プ		
ペ	페 (pe)	ペ	ペ		
ポ	포 (po)	ポ	ポ		

パン [팡]
빵

ピアノ [피아노]
피아노

プライド [푸라이도]
프라이드

ペダル [페다루]
페달

ポスト [포스또]
우체통

요음

요음[拗音:ようおん]이란 い(イ)단 글자 중 자음인 「き し ち に ひ み り ぎ じ び ぴ(キ シ チ ニ ヒ ミ リ ギ ジ ビ ピ)」에 반모음의 작은 글자 「や ゆ よ(ャ ュ ョ)」를 붙인 음을 말한다. 따라서 「や ゆ よ(ャ ュ ョ)」는 우리말의 「ㅑ·ㅠ·ㅛ」같은 역할을 한다.

	~や ャ	~ゆ ュ	~よ ョ
きゃ행	きゃ キャ kya / 캬	きゅ キュ kyu / 큐	きょ キョ kyo / 쿄
しゃ행	しゃ シャ sha(sya) / 샤	しゅ シュ shu(syu) / 슈	しょ ショ sho(syo) / 쇼
ちゃ행	ちゃ チャ cha(tya) / 챠	ちゅ チュ chu(tyu) / 츄	ちょ チョ cho(tyo) / 쵸
にゃ행	にゃ ニャ nya / 냐	にゅ ニュ nyu / 뉴	にょ ニョ nyo / 뇨
ひゃ행	ひゃ ヒャ hya / 햐	ひゅ ヒュ hyu / 휴	ひょ ヒョ hyo / 효
みゃ행	みゃ ミャ mya / 먀	みゅ ミュ myu / 뮤	みょ ミョ myo / 묘
りゃ행	りゃ リャ rya / 랴	りゅ リュ ryu / 류	りょ リョ ryo / 료
ぎゃ행	ぎゃ ギャ gya / 갸	ぎゅ ギュ gyu / 규	ぎょ ギョ gyo / 교
じゃ행	じゃ ジャ zya(ja) / 쟈	じゅ ジュ zyu(ju) / 쥬	じょ ジョ zyo(jo) / 죠
びゃ행	びゃ ビャ bya / 뱌	びゅ ビュ byu / 뷰	びょ ビョ byo / 뵤
ぴゃ행	ぴゃ ピャ pya / 퍄	ぴゅ ピュ pyu / 퓨	ぴょ ピョ pyo / 표

きゃ행은 어두(語頭)에서는 강한 「갸 규 교」로 발음한다. 그러나 어중(語中)·어미(語尾)에서는 「꺄 뀨 꾜」로 세게 발음한다.

きゃ	꺄 kya	きゃ	
きゅ	뀨 kyu	きゅ	
きよ	꾜 kyo	きよ	

キャ	꺄 kya	キャ	
キュ	뀨 kyu	キュ	
キヨ	꾜 kyo	キヨ	

きゃく (客) [캬꾸] 손님
やきゅう (野球) [야뀨-] 야구
きょり (距離) [꾜리] 거리

キャリア [캬리아] 캐리어, 경력
キューバ [큐-바] 쿠바
キャスト [캬스또] 캐스트, 배역

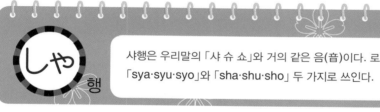

샤행은 우리말의 「샤 슈 쇼」와 거의 같은 음(音)이다. 로마자 표기에서 「sya·syu·syo」와 「sha·shu·sho」두 가지로 쓰인다.

しゃ	샤 sha (sya)	しゃ	
しゅ	슈 shu (syu)	しゅ	
しよ	쇼 syo (sho)	しよ	

シャ	샤 sha (sya)	シャ	
シュ	슈 shu (syu)	シュ	
シヨ	쇼 syo (sho)	シヨ	

しゃこ (車庫) [샤꼬] 차고
しゅみ (趣味) [슈미] 취미
しょるい (書類) [쇼루이] 서류

シャープ [샤-쁘] 샤프
シュガー [슈가-] 슈거, 설탕
ショー [쇼-] 쇼, 구경거리

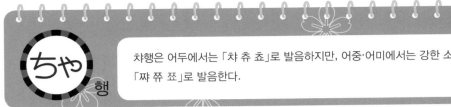

챠행은 어두에서는 「챠 츄 쵸」로 발음하지만, 어중·어미에서는 강한 소리인 「쨔 쮸 쬬」로 발음한다.

ちゃ	챠 cha (tya)	ちゃ	
ちゅ	츄 chu (tyu)	ちゅ	
ちょ	쵸 cho (tyo)	ちょ	

チャ	챠 cha (tya)	チャ	
チュ	츄 chu (tyu)	チュ	
チョ	쵸 cho (tyo)	チョ	

ちゃいろ (茶色) [챠이로] 갈색
ちゅうしゃ (駐車) [츄-샤] 주차
ちょうさ (調査) [쵸-사] 조사

チャイナ [챠이나] 차이나, 중국
チューブ [츄-부] 튜브
チョイス [쵸이스] 초이스, 선택

냐행은 우리말의 「냐 뉴 뇨」와 거의 비슷하다. 우리말에서는 어두에 오면 「야 유 요」로 발음하지만 일본어에서는 그렇지 않다.

にゃ	냐 nya	にゃ	
にゅ	뉴 nyu	にゅ	
にょ	뇨 nyo	にょ	

ニャ	냐 nya	ニャ	
ニュ	뉴 nyu	ニュ	
ニョ	뇨 nyo	ニョ	

にゅうこ (入庫) [뉴-꼬] 입고
きにゅう (記入) [키뉴-] 기입
にょうぼう (女房) [뇨-보-] 아내, 처

ニュース [뉴-스] 뉴스
ニューヨーク [뉴-요-꾸] 뉴욕
ニョロニョロ [뇨로뇨로] 꿈틀꿈틀

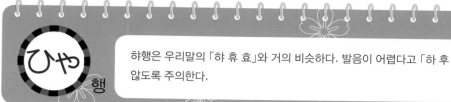

행

햐행은 우리말의 「햐 휴 효」와 거의 비슷하다. 발음이 어렵다고 「하 후 호」로 발음하지 않도록 주의한다.

ひゃ	햐 hya	ひゃ	
ひゅ	휴 hyu		
ひょ	효 hyo	ひょ	

ヒャ	햐 hya	ヒャ	
ヒュ	휴 hyu	ヒュ	
ヒョ	효 hyo	ヒョ	

ひゃく (百) [햐꾸] 백, 100

ひょうか (評価) [효-까] 평가

だいひょう (代表) [다이효-] 대표

ヒューズ [휴-즈] 퓨즈

ヒューマン [휴-망] 휴먼

ヒューマニスト [휴-마니스또] 휴머니스트

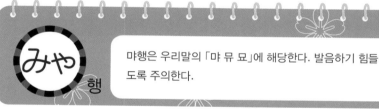

みゃ행

먀행은 우리말의 「먀 뮤 묘」에 해당한다. 발음하기 힘들다고 「마 무 모」로 발음하지 않도록 주의한다.

みゃ	먀 mya	みゃ	
みゅ	뮤 myu	みゅ	
みょ	묘 myo	みょ	

ミャ	먀 mya	ミャ	
ミュ	뮤 myu	ミュ	
ミョ	묘 myo	ミョ	

さんみゃく (山脈) [삼먀꾸] 산맥

みょうみ (妙味) [묘-미] 묘미

みょうにち (明日) [묘-니찌] 내일

ミャンマー [먐마-] 미얀마

ミュージカル [뮤-지까루] 뮤지컬

ミュージアム [뮤-지아무] 박물관

83

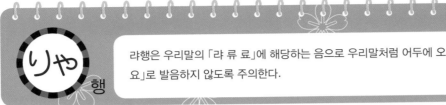

랴행은 우리말의 「랴 류 료」에 해당하는 음으로 우리말처럼 어두에 오더라도 「야 유 요」로 발음하지 않도록 주의한다.

りゃ	랴 rya	りゃ	
りゅ	류 ryu	りゅ	
りょ	료 ryo	りょ	

リャ	랴 rya	リャ	
リュ	류 ryu	リュ	
リョ	료 ryo	リョ	

りゃくず (略図) [랴꾸즈] 약도
りゅういき (流域) [류-이끼] 유역
りょこう (旅行) [료꼬-] 여행

リューマチ [류-마찌] 류머티즘
リュックサック [류꾸삭꾸] 륙색
ボリューム [보류-무] 볼륨

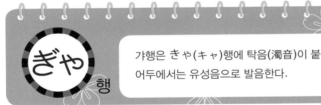

갸행은 きゃ(キャ)행에 탁음(濁音)이 붙은 것으로 우리말의 「갸 규 교」에 해당한다. 어두에서는 유성음으로 발음한다.

ぎゃ	갸 gya	ぎゃ	
ぎゅ	규 gyu	ぎゅ	
ぎょ	교 gyo	ぎょ	

ギャ	갸 gya	ギャ	
ギュ	규 gyu	ギュ	
ギョ	교 gyo	ギョ	

ぎゃくしゅう (逆襲) [갸꾸슈-] 역습
ぎゅうにく (牛肉) [규-니꾸] 쇠고기
ぎょるい (魚類) [교루이] 어류

ギャグ [갸그] 개그
ギャラリー [갸라리-] 갤러리
ギョーザ [교-자] 중국식 만두

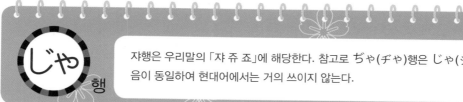

샤행은 우리말의 「쟈 쥬 죠」에 해당한다. 참고로 ぢゃ(ヂャ)행은 じゃ(ジャ)행과 발음이 동일하여 현대어에서는 거의 쓰이지 않는다.

じゃ	쟈 zya (ja)	じゃ	
じゅ	쥬 zyu (ju)	じゅ	
じょ	죠 zyo (jo)	じょ	

ジャ	쟈 zya (ja)	ジャ	
ジュ	쥬 zyu (ju)	ジュ	
ジョ	죠 zyo (jo)	ジョ	

じゃぐち (蛇口) [쟈구찌] 수도꼭지

のじゅく (野宿) [노쥬꾸] 노숙

じょせい (女性) [죠세이] 여성

ジャズ [쟈즈] 재즈

ジュース [쥬-스] 주스

ジョーク [죠-꾸] 조크, 농담

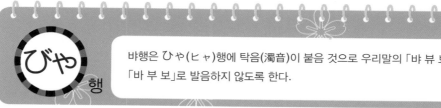

バ행은 ひゃ(ヒャ)행에 탁음(濁音)이 붙은 것으로 우리말의 「뱌 뷰 뵤」에 해당한다. 「바 부 보」로 발음하지 않도록 한다.

びゃ	뱌 bya	ひゃ	
びゅ	뷰 byu	ひゅ	
びょ	뵤 byo	ひょ	

ビャ	뱌 bya	ビャ	
ビュ	뷰 byu	ビュ	
ビョ	뵤 byo	ビョ	

さんびゃく (三百) [삼뱌꾸] 삼백

ごびゅう (誤謬) [고뷰-] 오류

びょうき (病気) [뵤-끼] 병, 아픔

ビューティー [뷰-띠-] 뷰티, 아름다움

ビューフォン [뷰-횐] 뷰폰

インタビュー [인따뷰-] 인터뷰

파행은 어두(語頭)에서는 「퍄 퓨 표」로 발음하지만, 어중(語中)·어미(語尾)에서는 「뺘 뿌 뽀」로 세게 발음한다.

ぴゃ	퍄 pya	ぴゃ	
ぴゅ	퓨 pyu	ぴゅ	
ぴょ	표 pyo	ぴょ	

ピャ	퍄 pya	ピャ	
ピュ	퓨 pyu	ピュ	
ピョ	표 pyo	ピョ	

ろっぴゃく (六百) [롭빠꾸] 육백, 600

はっぴゃく (八百) [합빠꾸] 팔백, 800

すんぴょう (寸評) [슨뾰-] 촌평, 단평

ピュア [퓨아] 퓨어, 순수함

ピューマ [퓨―마] 퓨마

ピョンピョン [뾩뾩] 깡충깡충

발음

발음[撥音:はつおん]란 「はねるおと」라고도 하며 오십음도의 마지막 글자인 「ん(ン)」을 말한다. 「ん(ン)」은 단어의 첫머리에 올 수 없으며 항상 다른 글자 뒤에 쓰여 우리말의 받침과 같은 구실을 한다. 따라서 「ん(ン)」 다음에 오는 글자의 영향에 따라 우리말의 「ㄴ(n), ㅁ(m), ㅇ(ng)」으로 소리가 난다.

ㅇ ん(ン) 다음에 か が행의 글자가 이어지면 「ㅇ」으로 발음한다.

- **えんき** [엥끼]
  연기

- **おんがく** [옹가꾸]
  음악

- **ミンク** [밍꾸]
  밍크

- **カンガルー** [캉가루—]
  캥거루

ㄴ ん(ン) 다음에 さ ざ た だ な ら행의 글자가 이어지면 「ㄴ」으로 발음한다.

- **かんし** [칸시]
  감시

- **なんじ** [난지]
  몇 시

- **はんたい** [한따이]
  반대

- **ねんだい** [넨다이]
  연대

- **こんにち** [콘니찌]
  오늘(날)

- **しんらい** [신라이]
  신뢰

- **ナンセンス** [난센스]
  난센스

- **エンジン** [엔징]
  엔진

- **ヒント** [힌또]
  힌트

- **パンダ** [판다]
  팬더

- **シンナー** [신나—]
  신나

- **サンライズ** [산라이즈]
  선라이즈

□ ん(ン) 다음에 ま ば ぱ행의 글자가 이어지면 「ㅁ」으로 발음한다.

- **あんま** [암마]
  안마

- **けんぶつ** [켐부쯔]
  구경

- **さんぽ** [삼뽀]
  산책

- **ハンバーグ** [함바—구]
  햄버그

- **アンバランス** [암바란스]
  언밸런스

- **テンポ** [템보]
  템포

○ ん(ン) 다음에 **あ は や わ**행의 글자가 이어지면 「ㄴ」과 「ㅇ」의 중간음으로 발음한다. 또한 단어 끝에 ん이 와도 마찬가지이다.

- **れんあい** [렝아이]
  연애

- **ほんや** [홍야]
  책방

- **でんわ** [뎅와]
  전화

- **にほん** [니홍]
  일본

- **オンエア** [옹에아]
  온에어, 방송중

- **シャンハイ** [샹하이]
  상하이

- **オンワード** [옹와―도]
  온워드, 전진

- **デザイン** [데자잉]
  디자인

촉음

촉음[促音:そくおん]이란 막힌 소리의 하나로「つまるおと」라고도 하며, 우리말의 받침과 같은 역할을 하는 것을 말한다. 즉, 촉음은 つ(ツ)를 작을 글자 っ(ッ)로 표기하여 다른 글자 밑에서 받침으로만 쓰인다. 이 촉음은 하나의 음절을 갖고 있으며 뒤에 오는 글자의 영향에 따라 우리말 받침의「ㄱ ㅅ ㄷ ㅂ」으로 발음한다.

ㄱ 촉음인 っ(ッ) 다음에 か き く け こ가 이어지면「ㄱ」으로 발음한다.

- **けっか** [켁까]
  결과

- **いっき** [익끼]
  단숨

- **クッキング** [쿡낑구]
  쿠킹, 요리

- **サッカー** [삭까—]
  사커, 축구

ㅅ 촉음인 っ(ッ) 다음에 さ し す せ そ가 이어지면「ㅅ」으로 발음한다.

- **さっそく** [삿소꾸]
  속히, 재빨리

- **ざっし** [잣시]
  잡지

- **メッセージ** [멧세—지]
  메시지

- **クッション** [쿳숑]
  쿠션

ㅂ 촉음인 っ(ッ) 다음에 ぱ ぴ ぷ ぺ ぽ가 이어지면 「ㅂ」으로 발음한다.

- **いっぱい** [입빠이]
  가득

- **しっぽ** [십뽀]
  꼬리

- **アップル** [압뿌루]
  애플, 사과

- **ヨーロッパ** [요―롭빠]
  유럽

ㄷ 촉음인 っ(ッ) 다음에 た ち つ て と가 이어지면 「ㄷ」으로 발음한다.

- **きって** [킫떼]
  우표

- **おっと** [옫또]
  남편

- **ヒット** [힏또]
  히트

- **タッチ** [탇찌]
  터치

91

장음

장음[長音:ちょうおん]이란 같은 모음이 중복될 때 앞의 발음을 길게 발음하는 것을 말한다. 우리말에서는 장음의 구별이 어렵지만 일본어에서는 이것을 확실히 구분하여 쓴다. 음의 장단 (長短)에 따라 그 의미가 달라지는 경우가 있으므로 주의해야 한다. 또,「カタカナ」에서는 장음 부호를「ー」로 표기한다. 이 책의 우리말 장음 표기에서도 편의상「ー」로 처리하였다.

あ단에 모음 あ가 이어질 경우 뒤의 모음인 あ는 장음이 된다.

- **おかあさん** [오까ー상]
  어머니

- **おばあさん** [오바ー상]
  할머니

- **ばあい** [바ー이]
  경우

- **スカート** [스까ー또]
  스커트

い단에 모음 い가 이어질 경우 뒤의 모음인 い는 장음이 된다.

- **おじいさん** [오지ー상]
  할아버지

- **おにいさん** [오니ー상]
  형님

- **きいろい** [키ー로이]
  노랗다

- **タクシー** [타꾸시ー]
  택시

う う단에 모음 う가 이어질 경우 뒤의 모음인 う는 장음이 된다.

- **くうき** [쿠-끼]
  공기

- **しゅうい** [슈-이]
  주위

- **ふうふ** [후-후]
  부부

- **スーパー** [스-빠-]
  슈퍼

え え단에 모음 え나 い가 이어질 경우 뒤의 모음인 え い는 장음이 된다.

- **おねえさん** [오네-상]
  누님, 누나

- **えいが** [에-가]
  영화

- **セーター** [세-따-]
  스웨터

- **ケーキ** [케-끼]
  케이크

お お단에 모음 お나 う가 이어질 경우 뒤의 모음인 お う는 장음이 된다.

- **こおり** [코-리]
  얼음

- **とうふ** [토-후]
  두부

- **おとうさん** [오또-상]
  아버지

- **コーヒー** [코-히-]
  커피

93

히라가나 · 가타카나
발음과 쓰기를 단박에 끝내는

일본어 펜맨십

제 / 출 / 용

	학교(원)	학년	반	번
이름		확인		

ひらがな

	あ단	い단	う단	え단	お단
あ행	あ 安 아 (a)	い 以 이 (i)	う 宇 우 (u)	え 衣 에 (e)	お 於 오 (o)
か행	か 加 카 (ka)	き 幾 키 (ki)	く 久 쿠 (ku)	け 計 케 (ke)	こ 己 코 (ko)
さ행	さ 左 사 (sa)	し 之 시 (si)	す 寸 스 (su)	せ 世 세 (se)	そ 曽 소 (so)
た행	た 太 타 (ta)	ち 知 치 (chi)	つ 川 츠 (tsu)	て 天 테 (te)	と 止 토 (to)
な행	な 奈 나 (na)	に 仁 니 (ni)	ぬ 奴 누 (nu)	ね 称 네 (ne)	の 乃 노 (no)
は행	は 波 하 (ha)	ひ 比 히 (hi)	ふ 不 후 (hu)	へ 部 헤 (he)	ほ 保 호 (ho)
ま행	ま 末 마 (ma)	み 美 미 (mi)	む 武 무 (mu)	め 女 메 (me)	も 毛 모 (mo)
や행	や 也 야 (ya)		ゆ 由 유 (yu)		よ 与 요 (yo)
ら행	ら 良 라 (ra)	り 利 리 (ri)	る 留 루 (ru)	れ 礼 레 (re)	ろ 呂 로 (ro)
わ행	わ 和 와 (wa)				を 袁 오 (o)
	ん 无 응 (n,m,ng)				

아 あ あ あ あ あ あ あ あ あ

이 い い い い い い い い い

우 う う う う う う う う う

에 え え え え え え え え

오 お お お お お お お お

카 か　か　か　か　か　か　か　か　か

키 き　き　き　き　き　き　き　き　き

쿠 く　く　く　く　く　く　く　く　く

케 け　け　け　け　け　け　け　け　け

코 こ　こ　こ　こ　こ　こ　こ　こ　こ

사 さ　さ　さ　さ　さ　さ　さ　さ　さ

시 し　し　し　し　し　し　し　し　し

스 す　す　す　す　す　す　す　す　す

세 せ　せ　せ　せ　せ　せ　せ　せ

소 そ　そ　そ　そ　そ　そ　そ　そ

た행

타 た た た た た た た た た

치 ち ち ち ち ち ち ち ち ち

츠 つ つ つ つ つ つ つ つ つ

테 て て て て て て て て て

토 と と と と と と と と と

6

나 な な な な な な な な な

니 に に に に に に に に

누 ぬ ぬ ぬ ぬ ぬ ぬ ぬ ぬ

네 ね ね ね ね ね ね ね ね

노 の の の の の の の の の

하 | は | は | は | は | は | は | は | は | は

히 | ひ | ひ | ひ | ひ | ひ | ひ | ひ | ひ | ひ

후 | ふ | ふ | ふ | ふ | ふ | ふ | ふ | ふ | ふ

헤 | へ | へ | へ | へ | へ | へ | へ | へ | へ

호 | ほ | ほ | ほ | ほ | ほ | ほ | ほ | ほ | ほ

마 ま ま ま ま ま ま ま ま ま

미 み み み み み み み み み

무 む む む む む む む む む

메 め め め め め め め め め

모 も も も も も も も も も

9

や행

야	や	や	や	や	や	や	や	や	や

유	ゆ	ゆ	ゆ	ゆ	ゆ	ゆ	ゆ	ゆ	ゆ

요	よ	よ	よ	よ	よ	よ	よ	よ	よ

라 ら ら ら ら ら ら ら ら ら

리 り り り り り り り り り

루 る る る る る る る る る

레 れ れ れ れ れ れ れ れ れ

로 ろ ろ ろ ろ ろ ろ ろ ろ

와 わ わ わ わ わ わ わ わ わ

오 を を を を を を を を を

응 ん ん ん ん ん ん ん ん

カタカナ

	ア단	イ단	ウ단	エ단	オ단
ア행	ア 阿 아 (a)	イ 伊 이 (i)	ウ 宇 우 (u)	エ 江 에 (e)	オ 於 오 (o)
カ행	カ 加 카 (ka)	キ 幾 키 (ki)	ク 久 쿠 (ku)	ケ 介 케 (ke)	コ 己 코 (ko)
サ행	サ 散 사 (sa)	シ 之 시 (si)	ス 須 스 (su)	セ 世 세 (se)	ソ 曾 소 (so)
タ행	タ 多 타 (ta)	チ 千 치 (chi)	ツ 川 츠 (tsu)	テ 天 테 (te)	ト 止 토 (to)
ナ행	ナ 奈 나 (na)	ニ 仁 니 (ni)	ヌ 奴 누 (nu)	ネ 称 네 (ne)	ノ 乃 노 (no)
ハ행	ハ 八 하 (ha)	ヒ 比 히 (hi)	フ 不 후 (hu)	ヘ 部 헤 (he)	ホ 保 호 (ho)
マ행	マ 万 마 (ma)	ミ 三 미 (mi)	ム 牟 무 (mu)	メ 女 메 (me)	モ 毛 모 (mo)
ヤ행	ヤ 也 야 (ya)		ユ 由 유 (yu)		ヨ 與 요 (yo)
ラ행	ラ 良 라 (ra)	リ 利 리 (ri)	ル 留 루 (ru)	レ 礼 레 (re)	ロ 呂 로 (ro)
ワ행	ワ 和 와 (wa)				ヲ 乎 오 (o)
	ン レ 응 (n,m,ng))				

아 ア ア ア ア ア ア ア ア ア

이 イ イ イ イ イ イ イ イ イ

우 ウ ウ ウ ウ ウ ウ ウ ウ ウ

에 エ エ エ エ エ エ エ エ エ

오 オ オ オ オ オ オ オ オ オ

카 カ カ カ カ カ カ カ カ

키 キ キ キ キ キ キ キ キ キ

쿠 ク ク ク ク ク ク ク ク ク

케 ケ ケ ケ ケ ケ ケ ケ ケ ケ

코 コ コ コ コ コ コ コ コ コ

15

サ サ サ サ サ サ サ サ サ

シ シ シ シ シ シ シ シ シ

ス ス ス ス ス ス ス ス ス

セ セ セ セ セ セ セ セ セ

ソ ソ ソ ソ ソ ソ ソ ソ ソ

タ 타 タ タ タ タ タ タ タ タ

チ 치 チ チ チ チ チ チ チ チ

ツ 츠 ツ ツ ツ ツ ツ ツ ツ ツ

テ 테 テ テ テ テ テ テ テ テ

ト 토 ト ト ト ト ト ト ト ト

나 ナ ナ ナ ナ ナ ナ ナ ナ ナ

니 ニ ニ ニ ニ ニ ニ ニ ニ ニ

누 ヌ ヌ ヌ ヌ ヌ ヌ ヌ ヌ ヌ

네 ネ ネ ネ ネ ネ ネ ネ ネ

노 ノ ノ ノ ノ ノ ノ ノ ノ

하 ハ ハ ハ ハ ハ ハ ハ ハ ハ

히 ヒ ヒ ヒ ヒ ヒ ヒ ヒ ヒ ヒ

후 フ フ フ フ フ フ フ フ フ

헤 ヘ ヘ ヘ ヘ ヘ ヘ ヘ ヘ ヘ

호 ホ ホ ホ ホ ホ ホ ホ ホ ホ

마 マ マ マ マ マ マ マ マ マ

미 ミ ミ ミ ミ ミ ミ ミ ミ ミ

무 ム ム ム ム ム ム ム ム ム

메 メ メ メ メ メ メ メ メ メ

모 モ モ モ モ モ モ モ モ モ

야 ヤ ヤ ヤ ヤ ヤ ヤ ヤ ヤ ヤ

유 ユ ユ ユ ユ ユ ユ ユ ユ ユ

요 ヨ ヨ ヨ ヨ ヨ ヨ ヨ ヨ ヨ

라 ラ　ラ　ラ　ラ　ラ　ラ　ラ　ラ　ラ

리 リ　リ　リ　リ　リ　リ　リ　リ　リ

루 ル　ル　ル　ル　ル　ル　ル　ル

레 レ　レ　レ　レ　レ　レ　レ　レ　レ

로 ロ　ロ　ロ　ロ　ロ　ロ　ロ　ロ

와 | ワ | ワ | ワ | ワ | ワ | ワ | ワ | ワ | ワ

오 | ヲ | ヲ | ヲ | ヲ | ヲ | ヲ | ヲ | ヲ | ヲ

응 | ン | ン | ン | ン | ン | ン | ン | ン | ン